Susa Hämmerle

# Heute gehen wir ins
# Krankenhaus

Mit Bildern von Kyrima Trapp

annette betz

Das ist aber auch ein Tag heute! Zuerst hatte Mias Lieblingsstrumpfhose ein Loch. Dann wäre Mia fast zu spät zur Schule gekommen. Und jetzt im Turnsaal läuft ihr Felix ständig hinterher!

»Lahme Schneckenpost! Name Wurmkompost!«, ruft er. Mia rennt los. Sie hechtet über die Medizinbälle. Sie springt aufs Trampolin. Sie hangelt sich am Reck entlang. Sie sprintet zum Bock – hinauf und wieder runter ...
»Au!«, schreit Mia. »Auuuuuu!«

Sie liegt am Boden.
In ihrem Fuß ist ein stechender Schmerz.
Alle umringen sie.
»Kannst du auftreten?«, fragt die Lehrerin.
»Nein«, wimmert Mia.
»Oh, es tut so weh!«

»Lauf zum Direktor«, ruft die Lehrerin Felix zu. »Er soll die Rettung anrufen und Mias Mutter.« Felix schießt los wie eine Rakete. Die Lehrerin bettet Mia auf die Matte. Unter den Knöchel schiebt sie ein Polster. Der Knöchel ist blau und stark geschwollen. Alle sind extraleise und stehen betreten herum.

Endlich führt der Direktor zwei Sanitäter in den Turnsaal. Sie haben eine Trage mit. »Hallo, Mia!«, sagt der eine. »Ich bin Georg. Ich schau mir deinen Fuß an. Du brauchst keine Angst zu haben.« Er betastet behutsam die geschwollene Stelle. »Knöchelbruch«, sagt er. »Mia muss ins Krankenhaus.«
»Ich will zu meiner Mama«, weint Mia.
»Sie ist leider nicht zu Hause«, tröstet der
Direktor. »Aber dein Papa kommt direkt
ins Krankenhaus.« – »Soll ich mitfahren?«,
fragt die Lehrerin. Mia nickt.
Von wegen »lahme Schneckenpost!«,
denkt sie. So ein verfelixter Mist!

Im Rettungsauto hält die Lehrerin Mias Hand. »Schade«, murmelt Mia.
»Ich wäre so gern mit Blaulicht und Sirene gefahren. Da würde mein
kleiner Bruder Sven staunen, wenn ich ihm das erzähle!«

Ihr Fuß tut jetzt fast nicht mehr weh. Die Sanitäter haben
eine Luftschiene angelegt. Wie in Watte fühlt sich
Mia eingepackt – wenn da nicht dieser dicke
Klumpen Angst im Hals wäre …

Das Rettungsauto fährt zur Unfallstation.
Dort wird Mia schon erwartet. Vom
diensthabenden Arzt und von – PAPA!
Mia laufen Tränen über die Wangen.
»Mia, mein Schatz«, murmelt Papa.
»Es wird alles gut.«

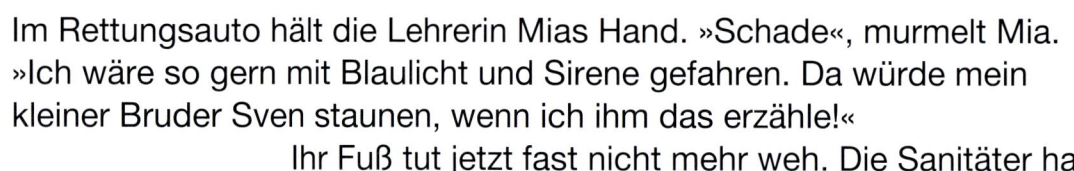

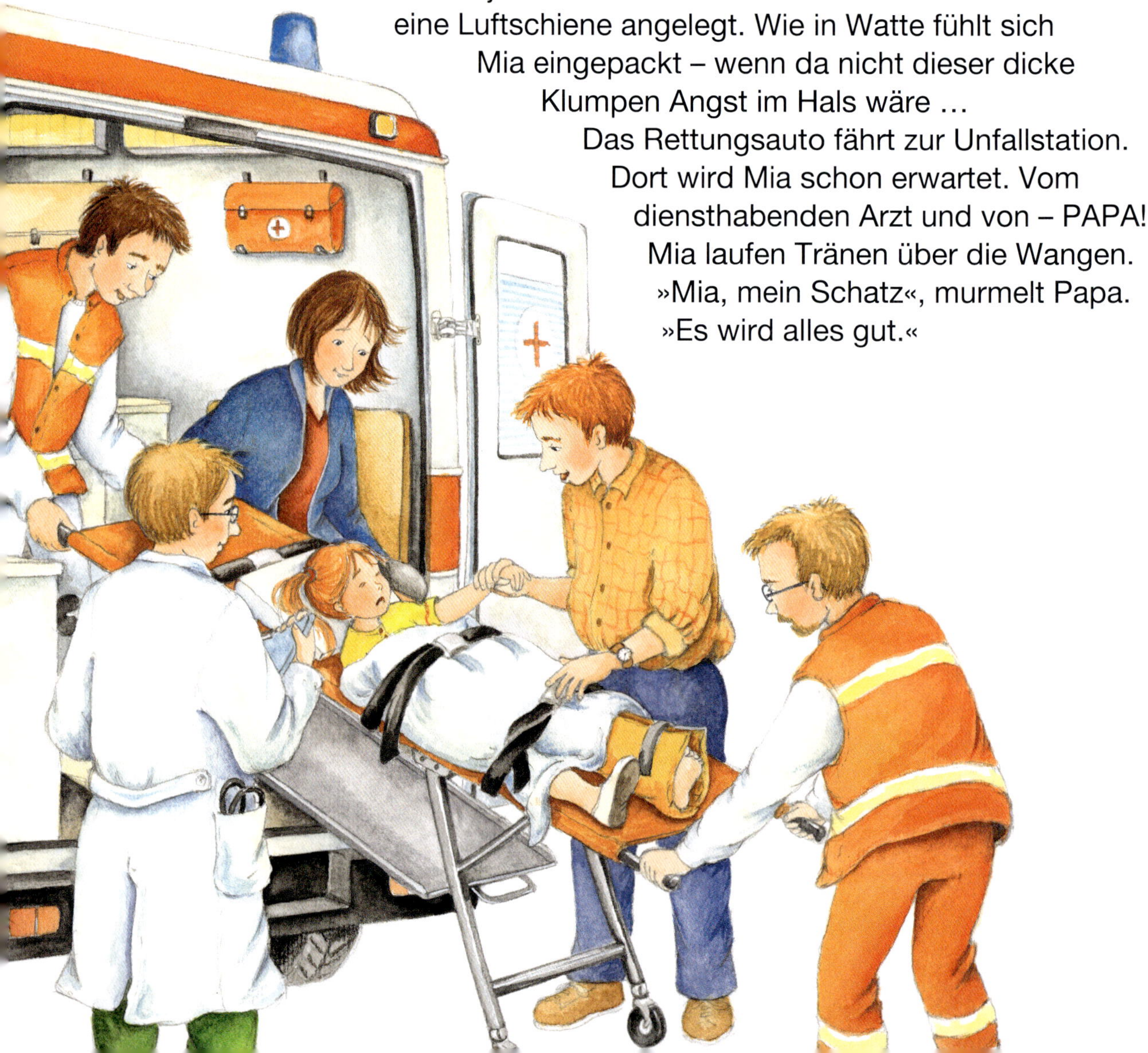

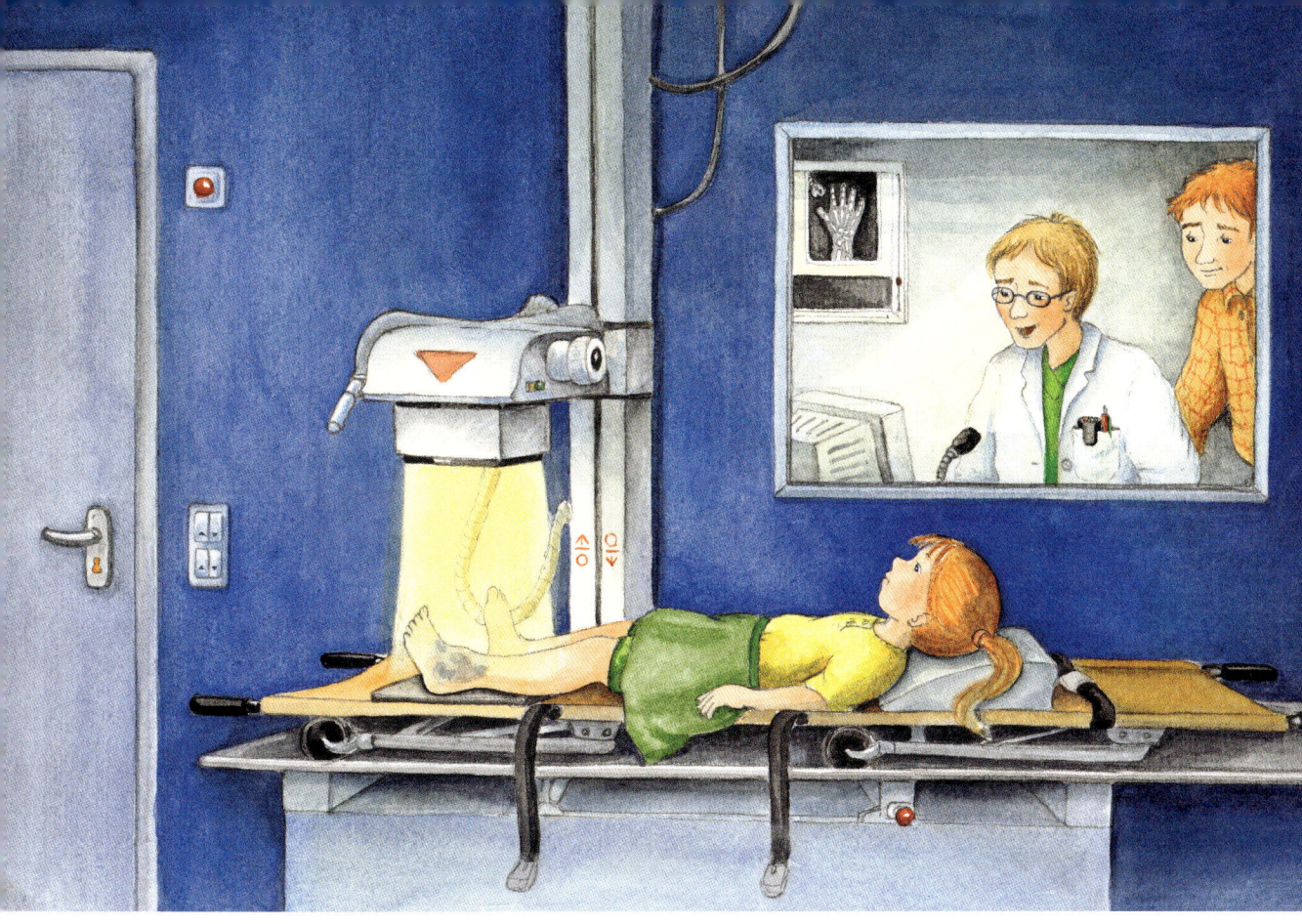

Der Arzt untersucht Mias Knöchel und macht ein Röntgenbild.
Zum Schutz vor den Strahlen bekommt Mia eine Bleischürze umgelegt.
»Der Bruch ist verschoben«, sagt der Arzt. »Wir müssen operieren.«
»Ich hätte aber lieber einen Gips!«, sagt Mia. Der Arzt und Papa lachen.
»Keine Sorge, mein Fräulein, den bekommst du auch.
Sogar mit einem kleinen Kunstwerk drauf!«

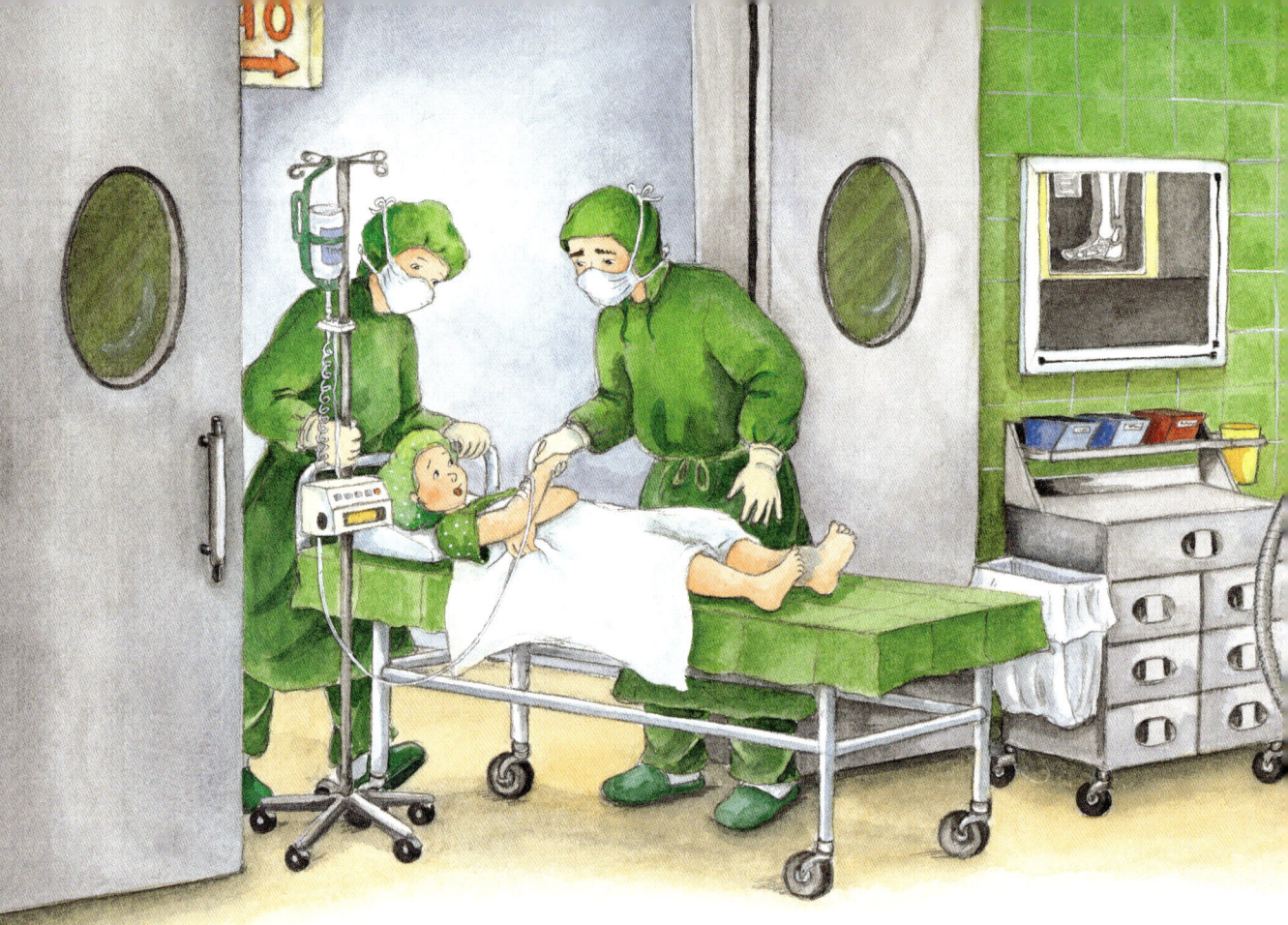

Wenig später wird Mia auf einem Bett durch Gänge und Lifttüren geschoben.
In ihrem Unterarm steckt eine Kanüle mit Schlauch. Durch diesen tropft
Beruhigungsmedizin direkt in Mias Blut – und sie fühlt sich wirklich schon
viel ruhiger!
Im Operationssaal wartet das Chirurgen-Team schon auf Mia.
Alle sind grün vermummt. Mia muss an Marsmenschen denken.
Aber auf dem Mars ist es bestimmt nicht so strahlend hell wie hier!
Mia blinzelt in die riesigen Lampen. »Das sind OP-Leuchten«, erklärt ein
junger Arzt. »Hallo Mia! Ich bin der Narkosearzt. Und ich kann zaubern!«

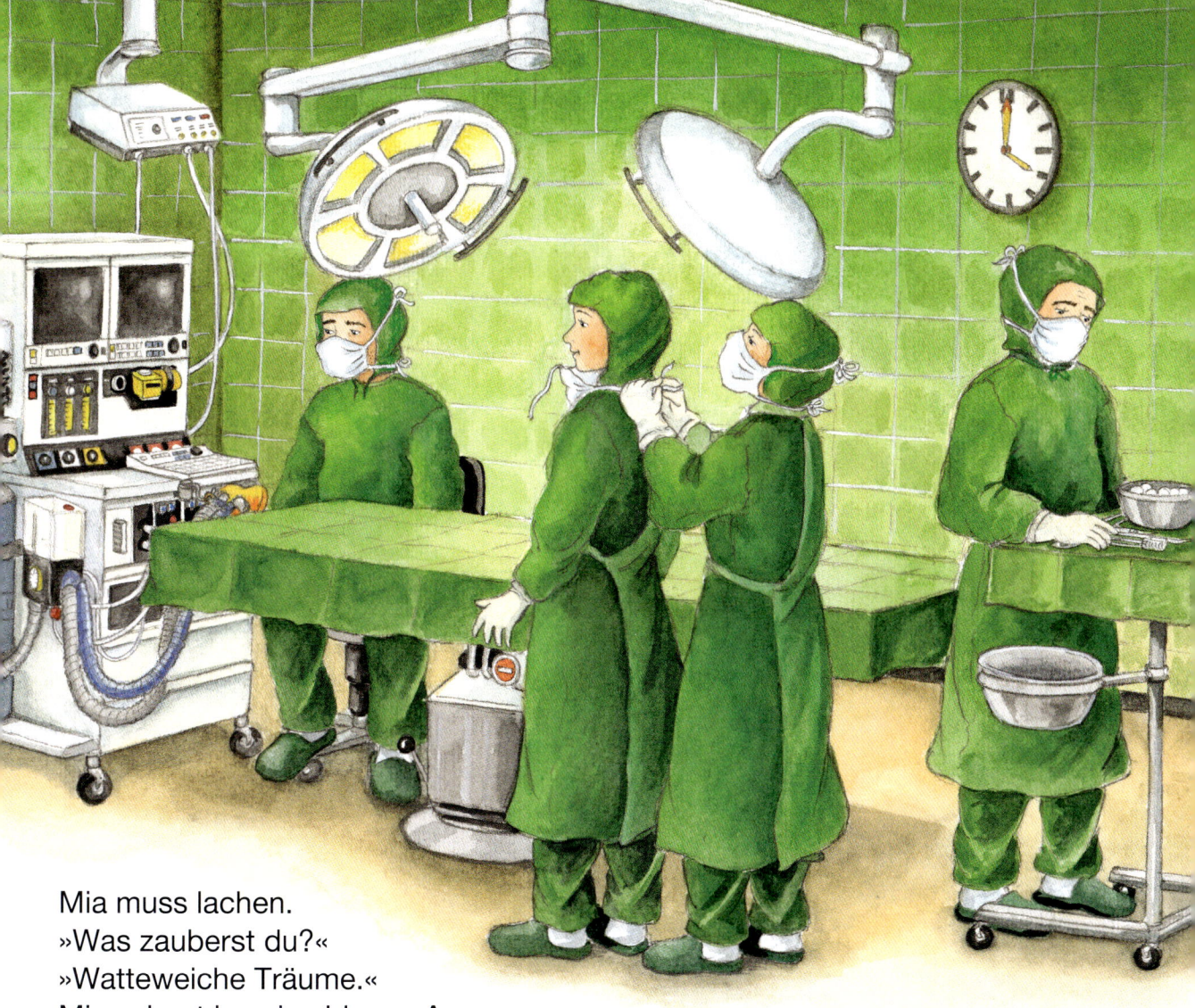

Mia muss lachen.
»Was zauberst du?«
»Watteweiche Träume.«
Mia schaut in seine blauen Augen.
Hat er sie verhext?
Tapfer trinkt sie einen süßen Saft, der sie noch mehr beruhigen soll.
Sie reicht sogar den Arm für die Narkose, nein, den watteweichen Traum ...
»Papa«, murmelt sie. »Ich bin so müde. Bitte sag Sven ...«

»Mia, Mia! Wach auf!«
Die Stimme des Narkosearztes dringt in Mias Traum. Sie murmelt:
»Ich komm ja schon. Aber mein Bein, es ist so schwer …«
»Kein Wunder – mit dem Gips!«, lacht Papa.
Da ist Mia hellwach. Ein Gips! Die Operation ist schon vorbei!
»Du kommst jetzt auf die Kinderstation.«, sagt die Ärztin,
die Mia operiert hat. »Dort wartet wer auf dich.«

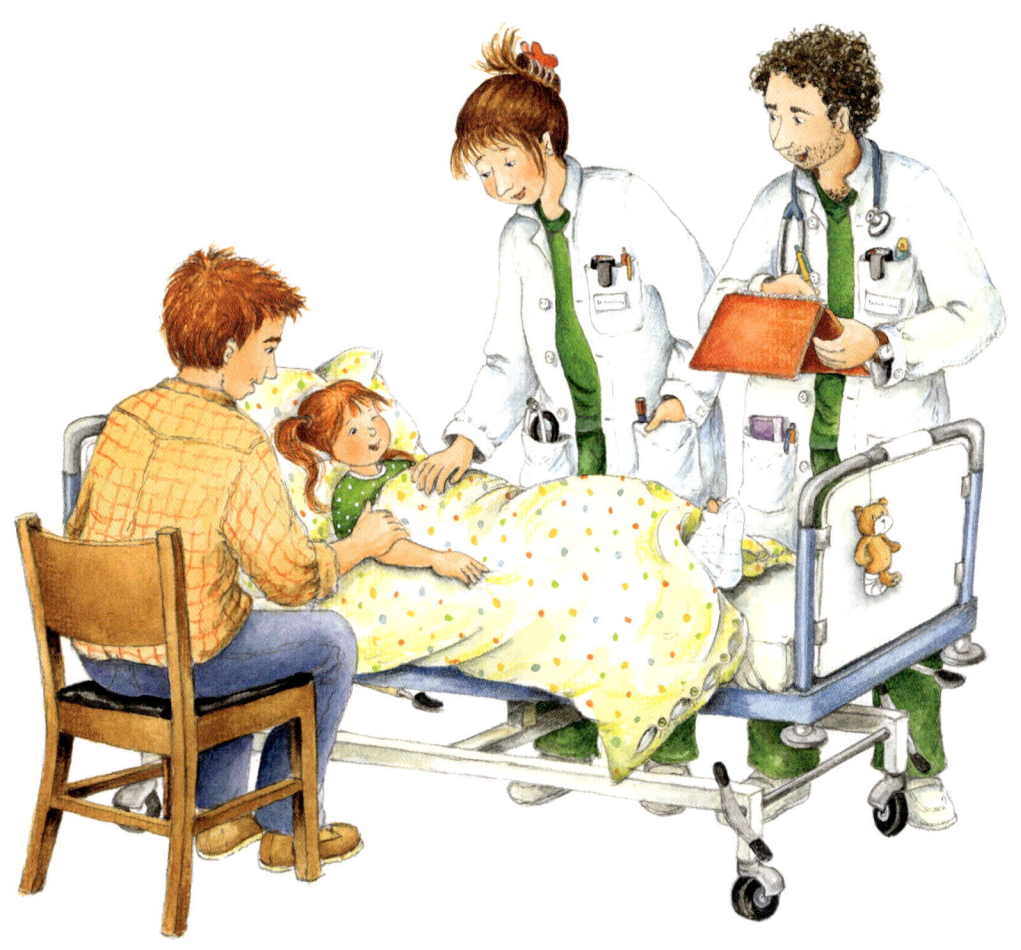

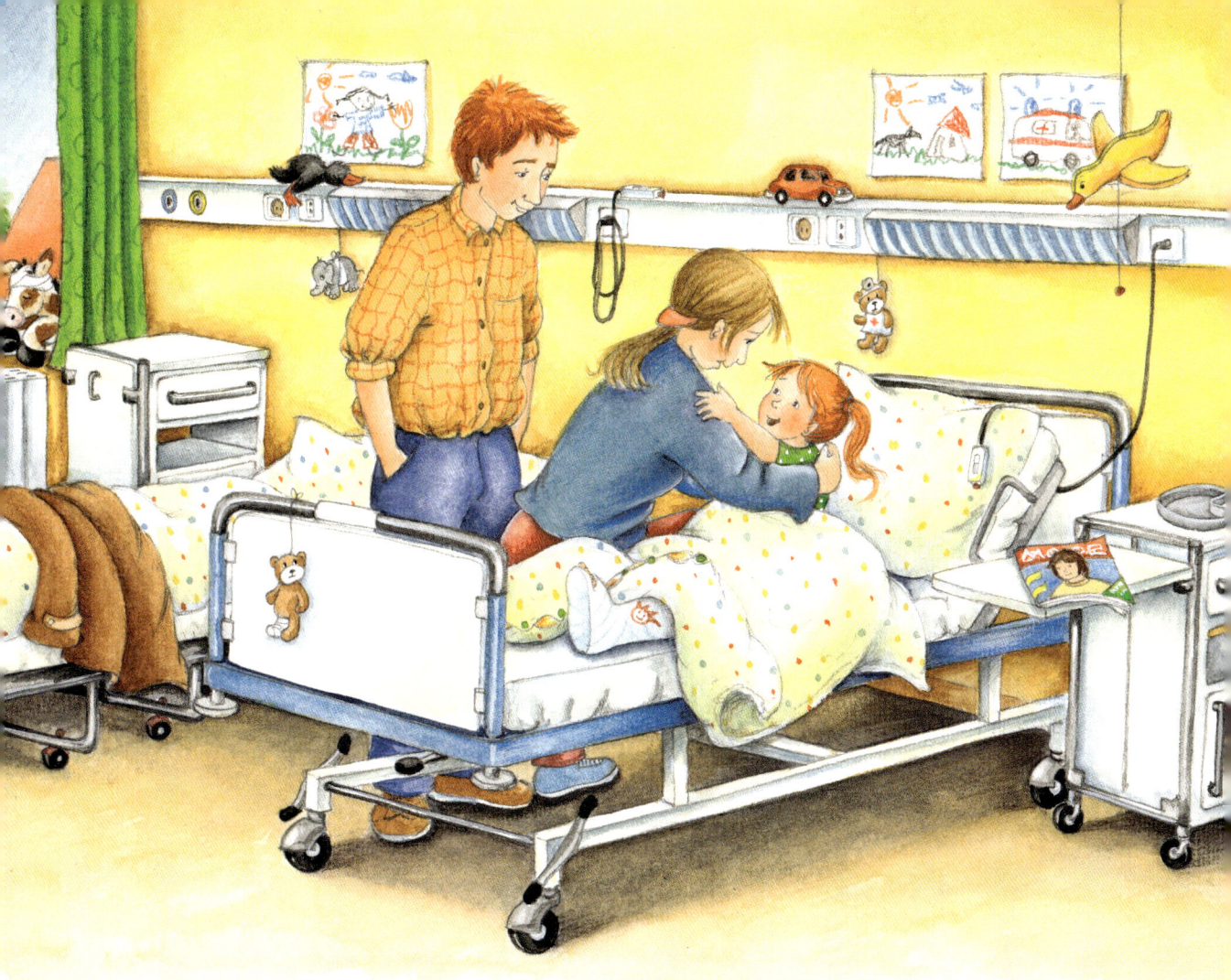

Es ist Mama, die auf Mia wartet. Sie schließt ihr Mädchen in die Arme.
Dann bewundern sie den schönen Gips. Die Ärztin hat ein lustiges
Gesicht daraufgezeichnet – wirklich, richtig künstlerisch!
»Papa schläft hier bei dir«, sagt Mama. »Ich muss zurück zu Sven.«
Mia ist es recht. Sie will nur noch schlafen. »Bitte sag Sven, dass ich jetzt
länger nicht mehr mit ihm Fußball spielen kann«, murmelt sie. Und dann ist sie
schon eingeschlafen – mit ihrer Hand in Papas.

Es ist schön im Krankenhaus. Mia wird
verwöhnt wie eine Königin. Wenn sie was
braucht, drückt sie auf eine Klingel.
Oder Papa holt es ihr.
Jeden Tag kommt die Visite.
Da ist das Krankenzimmer voll mit Ärzten.
Sie fragen, ob Mia etwas wehtut.
»Nein«, sagt Mia. »Aber Besuch hätt
ich schon gern!«

Auch Sven kann den Besuch bei Mia und Papa im Krankenhaus kaum noch erwarten! Die Fahrt zum Krankenhaus dauert ihm viel zu lang.

So groß hat er sich das Gebäude nicht vorgestellt!
In der Eingangshalle gibt es einen Portier und
mehrere Geschäfte. Mama kauft für Mia
Schokolade ein.

»Die haben ja Pyjamas an«, tuschelt Sven. Mama erklärt ihm, dass das Patienten sind. Im Lift darf Sven den vierten Knopf von unten drücken. Dort ist die Kinderstation. Sven schnuppert: Es riecht so fremd im Krankenhaus!

Da liegt ja Mia, auf dem hohen,
weißen Bett. Sven traut sich kaum
sie anzufassen.
»Hat es wehgetan?«, fragt er.
»Höllisch weh!«, nickt Mia. »Zuerst
der zersplitterte Knochen. Dann die
Rüttelfahrt im Rettungsauto …«
»Mit Blaulicht?«, fragt Sven.
»Natürlich. Und mit Tatü und Tata!«
»Könnte es sein, dass auch dein
Gedächtnis ein bisschen angeschlagen
ist?«, stichelt Papa.
Mia wird rot. Und dann erzählt sie
Sven die Wahrheit – auch vom
»Zauberer Narkosearzt« …

Die Krankenschwester kommt herein.
»Hier ist dein Abendessen.
Mit Dessert nach freier Wahl.«
»Super«, lacht Mia. »Ich wähle
Fernsehen mit ›Ohne Zähneputzen‹.
Zu Hause krieg ich so was nie!«
Alle lachen und dann verabschieden sich
Mama und Sven.

Die Tage im Krankenhaus vergehen wie im Flug. Mia bekommt viel Besuch. Auch vom verfelixten Felix. Er schiebt Mia mit dem Rollstuhl durch die Station. In der Spielecke lernt Mia andere Kinder kennen: Benno mit der Blinddarm-Narbe. Hanna mit dem Asthma. Und den kleinen Kevin mit dem kranken Herzen. Kevin ist schon lange hier. Er erzählt, dass manchmal auch ein Clown kommt. »Schade«, sagt Mia. »Den Clown werde ich wohl nicht mehr sehen. Morgen darf ich heim.«

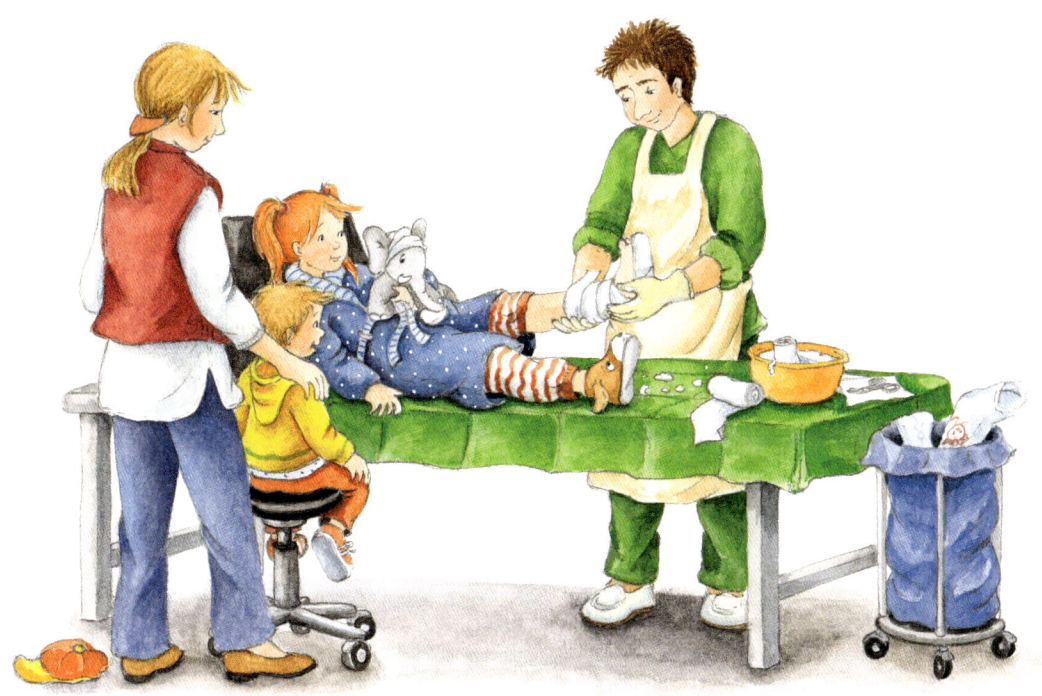

Am nächsten Tag kommt Mama mit Sven.
Er will beim Anbringen des Gehgipses dabei sein.
Ruck-zuck geht das – und schon kann Mia damit humpeln!
Sie verabschiedet sich von allen auf der Station.
Jeder zeichnet ihr etwas auf den Gips. Benno einen BMW.
Hanna einen Dino. Die Schwester eine Schneckenpost.
Am meisten aber freut sich Mia über Kevins Einladung
zum nächsten Clownsbesuch. Und über den fast runden
Fußball von ihrem kleinen Bruder Sven!

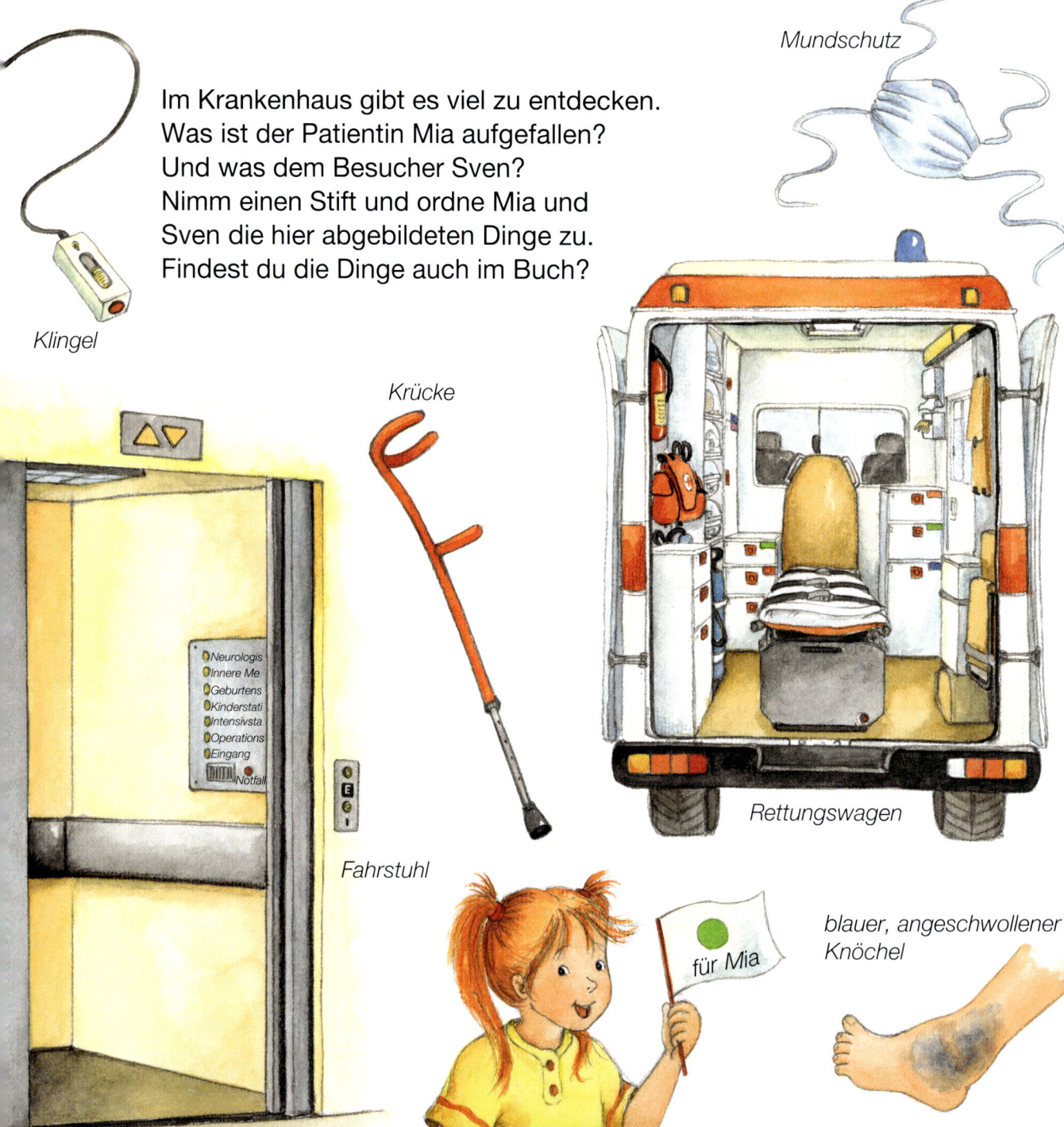

Im Krankenhaus gibt es viel zu entdecken.
Was ist der Patientin Mia aufgefallen?
Und was dem Besucher Sven?
Nimm einen Stift und ordne Mia und
Sven die hier abgebildeten Dinge zu.
Findest du die Dinge auch im Buch?

Klingel

Mundschutz

Krücke

Rettungswagen

Neurologis
Innere Me
Geburtens
Kinderstati
Intensivsta
Operations
Eingang
Notfall

Fahrstuhl

für Mia

blauer, angeschwollener
Knöchel

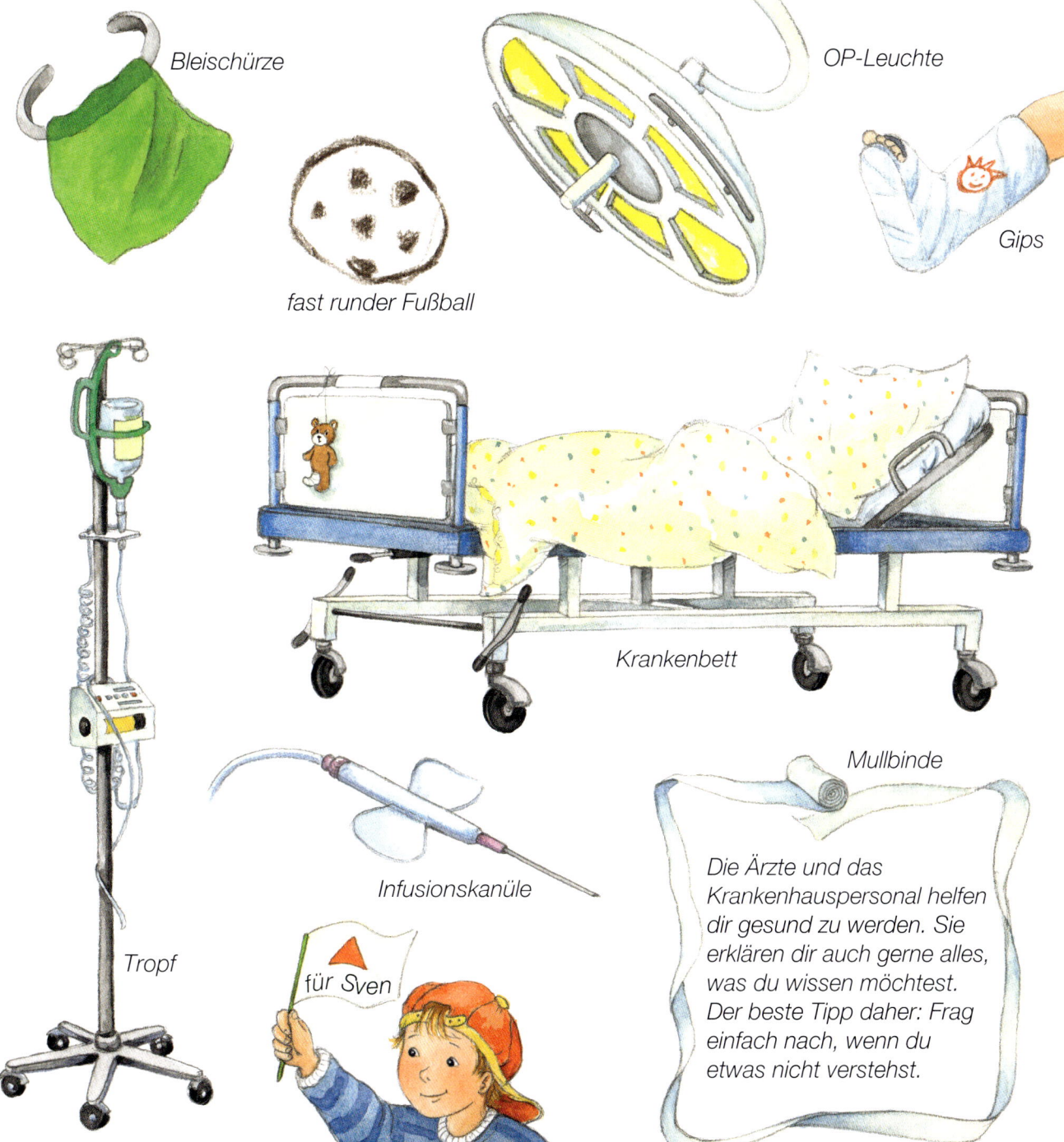

Bleischürze

fast runder Fußball

OP-Leuchte

Gips

Krankenbett

Tropf

Infusionskanüle

für Sven

Mullbinde

Die Ärzte und das Krankenhauspersonal helfen dir gesund zu werden. Sie erklären dir auch gerne alles, was du wissen möchtest. Der beste Tipp daher: Frag einfach nach, wenn du etwas nicht verstehst.

Landeplatz für den Rettungshubschrauber

Flur

WC + Bad

Geburtenstation

Flur

WC + Bad

Kinderstation

Röntgen

Flur

Intensivüberwachung

Intensivstation

OP

Flur

Schwesternzimmer

Chefarzt

Cafeteria

Flur

Laden

Pförtner

Eingang

Unfallambulanz

Flur

Unfalleinlieferung